AF243232

NOTICE HISTORIQUE

SUR LA VIE DE

M. ALEXANDRE MAZAS

CURÉ DE SORÈZE

DÉCÉDÉ DANS CETTE VILLE LE 26 MARS 1824

DÉDIÉE AUX RESPECTABLES NIÈCES DU DÉFUNT ET A SES AMIS.

Prix : 30 centimes.

SE VEND :

A CASTRES,　　　　　　A SORÈZE,
Chez GARNIER, libraire. | Chez JOULIA, relieur.

Cet Ouvrage est vendu au bénéfice des Pauvres.

CASTRES
Typographie de Victor ABEILHOU, rue Tourcaudière, 7.
1853.

NOTICE HISTORIQUE

SUR LA VIE

DE

M. ALEXANDRE MAZAS,

CURÉ DE SORÈZE,

DÉCÉDÉ DANS CETTE VILLE, LE 26 MARS 1824.

Nous n'avons pas la prétention d'écrire l'histoire de M. Mazas, curé de Sorèze : ceux qu'il a préparés lui-même à remplir les saintes fonctions du sacerdoce ont voulu seulement que son nom ne fût pas complètement oublié ; car ils n'ignorent pas que si le souvenir du juste demeure dans la mémoire éternelle de Dieu, il s'affaiblit et trop souvent s'efface dans le cœur de ceux qu'il aima sur la terre, et qu'il s'efforça de rendre meilleurs et plus heureux.

Nous ignorons les détails de son enfance et de sa jeunesse, mais nous savons qu'il naquit à Viviers-les-Montagnes, dans l'arrondissement de Castres, au sein d'une famille honorable dans le monde et sainte devant Dieu. Plusieurs de ses frères étaient prêtres, et il eut le bonheur de voir ses nièces, fidèles aux traditions de la famille, donner des exemples de toutes les vertus dans la solitude du cloître ou dans l'accomplissement des devoirs de la société.

Ce que nous pûmes remarquer en lui lorsque nous avions le bonheur de recevoir ses leçons dans la science et les vertus sacerdotales, attestait assez le bon emploi des années qu'il avait consacrées aux études ecclésiastiques. Au séminaire de Lesquille, à Toulouse, il se distingua parmi ses condisciples par les qualités brillantes de son esprit, par l'urbanité de ses manières et par l'ensemble de toutes les vertus dont le cœur d'un bon prêtre doit être orné. Nous avons entendu M. de Lunaret, vicaire général de Mgr Fournier, évêque de Montpellier, et l'un des membres les plus distingués du clergé de France, glorifier avec enthousiasme l'esprit et le cœur de M. Mazas. Si nous avions besoin de justifier un si bel éloge décerné au pasteur vénérable dont le souvenir vit toujours dans nos cœurs, nous pourrions en appeler au témoignage de tant de personnes honorables qui ont vécu dans son intimité pendant les années qu'il passa à Sorèze. Quel tact! Quelle délicatesse dans ses rapports avec les hommes! Quelle sûreté de jugement! Quelle fermeté dans ses principes! Quelle aimable condescendance toutes les fois que le devoir ne lui imposait pas l'obligation de faire entendre des paroles sévères! Avec quel charme il se faisait tout à tous! Avec les prêtres, sa parole était grave et toute rayonnante des maximes sacrées; avec les professeurs, alors si nombreux à Sorèze, et dont plusieurs occupaient un rang distingué dans la science, il révélait une connaissance approfondie des auteurs profanes, auxquels il empruntait avec tant d'à-propos les traits les plus capables de faire impression sur ceux qui l'écoutaient.

Dès les premiers pas de M. Mazas dans la carrière sacerdotale, Mgr de Castellane, alors évêque de Lavaur, ayant connu les qualités brillantes du jeune prêtre, le nomma vicaire de sa cathédrale, pour être témoin de son début dans les fonctions du saint ministère. Peu de temps après, il voulut resserrer les liens qui l'unissaient à son fils dans le sacerdoce, et lui conféra le bénéfice d'une prébende.

Mgr de Castellane compta bientôt avec orgueil M. Mazas dans cette pléïade de prêtres distingués qui faisaient l'honneur de son diocèse par leurs talents et leurs vertus : M. Noyer, curé de Lavaur ; M. Pous, curé de Mazamet ; M. Siman, curé de Puylaurens ; M. l'abbé Cuq, de Saint-Amans ; M. l'abbé Gau, de Sorèze, dont les noms ne sauraient périr tant qu'on estimera la science ecclésiastique et les vertus du sanctuaire.

Cependant le 18ᵉ siècle penchait vers son déclin ; la hideuse révolution, fille d'une philosophie impie et sacrilége, se hâtait de réaliser ses menaces ; elle avait voulu chercher des complices jusques dans les rangs du clergé ; la persécution atteignit les pasteurs fidèles. Incapable de transiger avec sa conscience, M. Mazas se vit contraint de chercher un asile sur la terre étrangère ; son goût décidé pour l'étude et les beaux arts lui fit choisir pour exil l'Italie ; il fixa son séjour à Rome, au sein de la ville éternelle, qui abrita toujours toutes les infortunes depuis que Jésus-Christ la fit le foyer de la foi et de la charité. C'est là que M. Mazas se livra avec ardeur à l'étude des langues sémitiques et des langues grecque et italienne ; il parlait cette dernière avec une rare perfection.

Pendant son séjour dans la cité sainte, il suivit les cours d'éloquence sacrée et composa un recueil de conférences ecclésiastiques qui a disparu à sa mort, et dont on ne peut trop déplorer la perte. Il se trouvait à Rome lors du conclave qui, après trois mois de scrutin sans résultat, nomma à l'unanimité Pie VII. L'abbé Mazas fut choisi pour chanter l'épître en grec le jour de l'exaltation sur la chaire de Saint-Pierre de ce pontife d'immortelle et sainte mémoire.

Lorsque le calme et la religion furent rendus à la France, M. Mazas voulut partager les joies de l'Eglise au sein de la mère-patrie. Il fut nommé curé de Sorèze. Il lui fallait toutes ses vertus et toute sa science pour triompher des difficultés de tout genre qui l'attendaient dans cette ville, si fière de la réputation qu'elle devait à son brillant collége. En effet, il trouva là, sur son chemin, un de ces prêtres qui avaient renoncé, par la crainte des supplices ou de l'exil, au caractère sacré dont ils avaient été revêtus, mais qu'ils ne pouvaient effacer. Que de piéges! Que d'embûches lui tendirent et l'esprit de schisme et l'esprit voltairien qui régnaient alors dans cet établissement, destiné à former les jeunes gens aux vertus chrétiennes et aux vertus civiques. M. Mazas devait être une preuve vivante de la force de la vérité, toujours calme, toujours patiente contre l'erreur, toujours agitée et toujours pleine de mauvais vouloir. L'homme de Dieu, réunissant la prudence à la fermeté, tint ses ennemis en échec par la dignité de son caractère, par la régularité de sa conduite et par la supériorité de son savoir. Son courage ne fut jamais au-dessous des luttes qu'il lui fallut soutenir. Sa parole, toujours empreinte des nobles qualités de son âme, était une consolation pour les cœurs affligés, un reproche pour le vice, une condamnation pour l'erreur. A tous, aux professeurs et aux élèves, en particulier ou du haut de la chaire, il savait marquer leurs devoirs. Homme éloquent, mais de cette éloquence évangélique qui trouve si bien le chemin du cœur, souvent il fit verser des larmes d'attendrissement à son auditoire, en qui il faisait passer le sentiment des vérités saintes dont son cœur était pénétré.

En 1814 il harangua Mgr le duc d'Angoulême, lors de son passage à Sorèze, avec tant de dignité et d'à-propos, que le prince en fut vivement impressionné. A la vue d'un si rare mérite, il s'étonna de l'obscurité du saint prêtre, et voulant lui donner une marque de sa profonde estime, il lui fit accorder, sa vie durant, le traitement de curé de première classe : il savait, ce prince si bon et si pieux, que donner au pasteur, c'était donner aux pauvres de Sorèze.

Homme de Dieu et homme de ses frères, à l'exemple du divin maître, il leur consacra toute sa vie ; son zèle lui donna le courage de suffire seul, pendant plusieurs années, aux besoins d'une paroisse de plus de 3,000 âmes ; ce ne fut qu'en 1811 ou 1812 que l'autorité ecclésiastique lui envoya un vicaire.

Peu soucieux de rechercher, par la publication de ses ouvrages, la réputation d'écrivain, M. Mazas ne nous a rien légué des richesses de son intelligence : il préféra une gloire plus durable, celle de vivre dans les œuvres que son zèle lui suggérait : il avait appris par une longue expérience, que celui-là se trompe et s'égare, qui ne travaille que pour la terre. Aussi se plaisait-il à répéter cette sainte maxime aux prêtres qui l'environnaient, ou qui venaient réclamer les conseils de sa sagesse : « Mes amis, il ne faut rien faire » dans la vue d'obtenir l'estime des hommes : que notre » seul mobile soit la gloire de Dieu, pour qui nous devons » travailler constamment et uniquement. Sans cette sage » précaution, nous serons un jour trouvés les mains vides. »

Ces pieux sentiments furent la règle de sa vie entière. Au nombre des œuvres utiles qui signalèrent son ministère pastoral, nous ne devons pas en oublier une qu'il réalisa de son vivant, et qui fit honneur à sa foi et à la perspicacité de son esprit. Préoccupé de l'avenir de la religion et de la société, il eut la sainte pensée de ressusciter dans le diocèse l'Institut des Dames religieuses de la Croix. Soutenu par quelques personnes pieuses de la ville de Lavaur, il s'employa à procurer un asile à un petit nombre de religieuses, honorables débris restés debout au milieu des ruines de 1793 ; il fit auprès du Saint-Siége les demandes d'autorisation pour réintégrer ces saintes filles dispersées dans la règle de leur Institut. Ce fut lui qui présida à leur installation dans la maison-mère de Lavaur, et qui, en qualité de père restaurateur, leur donna tous les ans les exercices de la retraite de huit jours, pendant lesquels il se plaisait à ranimer et à soutenir le courage de ces anges de la terre. Tout le monde connaît aujourd'hui l'admirable accroissement qu'a pris l'Institut des Dames de la Croix ; bientôt il n'y aura pas une paroisse tant soit peu importante, dans le diocèse, où ces religieuses, pleines de piété, ne soient appelées pour faire l'éducation des jeunes filles. Déjà même elles ont été demandées dans quelques départements voisins, où elles exercent d'une manière digne d'éloge les pénibles fonctions d'institutrices, cumulant, à l'instar des filles de Saint-Vincent-de-Paul, avec cette charge si utile, celle que réclame, dans certaines localités, le soin des pauvres infirmes et souffrants. Voilà l'œuvre sainte de M. Mazas. Elle prospère et grandit. Puisse cette simple notice, consacrée à la mémoire du saint prêtre qui fut comme leur second père dans la religion, contribuer à faire vivre dans ces filles vénérables, toutes les vertus de celui que la mort enleva trop tôt à l'Église et à la société.

Suivons M. Mazas dans l'accomplissement de sa sainte mission : nous le verrons toujours dévoré du désir de produire des fruits dignes de Dieu et de l'Église. Ce n'était pas assez pour lui de travailler au salut des âmes qui lui avaient été confiées ; il savait, au besoin, comme on vient de le voir, étendre l'action de son zèle hors des limites de sa paroisse ; ému d'une douleur profonde en contemplant les vides que la persécution, l'exil et les échafauds avaient faits dans le sanctuaire, il réservait une partie de ses journées si pleines pour préparer au sacerdoce un certain nombre de jeunes sujets. Il plaça successivement au séminaire de Castres trois de ses élèves auxquels lui-même il avait pris soin de faire suivre toutes les classes de latinité, pour les envoyer ensuite faire leurs cours de philosophie et de théologie, et il put recueillir, de son vivant, la consolation d'avoir fourni à l'Église trois prêtres qu'il aimait avec le cœur d'un père. Ces trois prêtres vivent encore, ils vivent pour attester le zèle et la sollicitude pastorale de leur maître et de leur bienfaiteur. Ces prêtres, dont l'un est curé de canton, l'autre curé de l'un des arrondissements de la capitale, église Saint-Méry, et le dernier, curé d'une modeste paroisse du diocèse, bénissent tous les jours, avec un cœur reconnaissant, la mémoire de celui dont la providence se servit pour les appeler à l'insigne honneur de travailler au champ du père de famille.

En l'année 1820, Mgr Fournier, évêque de Montpellier, appela M. Mazas à la direction du séminaire de Castres. M. Gabaude venait de mourir, laissant dans ce grand nombre de prêtres qu'il avait formés, le souvenir impérissable de sa foi et de sa sainteté. Monseigneur de Montpellier, dans une visite pastorale qu'il avait faite à Sorèze, avait remarqué M. Mazas, et s'était confirmé dans la haute opinion que ce prélat avait conçue de son savoir et de son mérite. Il pensa que nul prêtre n'était plus propre que lui à cette œuvre capitale à laquelle se trouvent naturellement liées les destinées de l'Église. Le digne curé de Sorèze, malgré son âge déjà avancé, malgré les difficultés qu'il prévoyait dans sa mission nouvelle, et les regrets d'une paroisse qui le pleurait, ne sut qu'obéir à la voix de son supérieur; il se déroba aux violences filiales de ses chers paroissiens; il vint à Castres pour remplir la tâche qui lui était imposée. Arrivé au milieu de ses nouveaux enfants, il en fut reçu avec l'enthousiasme que sa réputation de vertu et de savoir leur avait inspiré. Ni les élèves, ni les habitants de la ville de Castres ne furent trompés dans l'attente de tout le bien qu'il devait opérer. Dès son début dans la direction de l'école ecclésiastique, il consacra ses premiers soins à l'amé-

lioration des locaux des deux séminaires ; un coup-d'œil lui
suffit pour voir ce qui manquait ; il fit travailler, sans re-
tard, aux réparations les plus pressantes. « Il faut, disait-
» il à ceux qui auraient peut-être reculé devant les sacri-
» fices d'argent, il faut que les murailles respectent les
» hommes, si vous voulez que les hommes respectent dans
» leurs mœurs les murailles. » Cette sentence aurait suffi
pour déceler l'homme d'expérience, l'esprit observateur et
le philosophe moraliste.

Son zèle éclairé le faisait descendre dans les moindres
détails et profiter de toutes les ressources, pour arriver au
but constant de ses efforts, c'est-à-dire à la complète res-
tauration des deux maisons qu'il dirigeait, soit sous le rap-
port hygiénique et matériel, soit à l'égard des cours qui se
faisaient dans les deux établissements. Déjà l'élan était
donné et l'émulation était entretenue au petit séminaire
par les nombreuses apparitions que l'infatigable supérieur
avait soin de faire dans toutes les classes ; au grand séminaire, par la noblesse de ses manières, l'excellence de ses
conseils et la douceur toute paternelle avec laquelle il trai-
tait les élèves, il pouvait se proposer à chacun pour modèle
dans tous les instants de la journée ; il était toujours le pre-
mier à tous les exercices : le matin, à l'oraison, il épanchait
son cœur devant Dieu pour élever celui de ses enfants ; le
soir, dans l'explication du règlement, il avait le secret
d'ennoblir et de rendre aimable aux yeux de tous l'assujet-
tissante uniformité de la vie d'un séminariste ; il savait faire
aimer la règle : il n'avait rien oublié, par la raison qu'il
avait tout bien appris : un jour que l'heure de la conférence
était arrivée, et que la cloche avait déjà réuni tous les
élèves, on vint annoncer à M. le supérieur que le professeur
était absent. Il court et monte dans la chaire, sans autre
préparation que de demander quel est le sujet de la thèse
du jour. A peine lui est-il indiqué, qu'il l'expose de la ma-

nière la plus lucide et dans la forme la plus élevée. Son argumentation puissante, la lumière qu'il fait jaillir des vérités qu'il développe, la sûreté de son langage, le bonheur de ses expressions jetèrent un si vif intérêt sur cette conférence, que les quatre-vingts élèves réunis demeurèrent comme suspendus à ses lèvres et subjugués par son autorité. M. Mazas avait alors près de 70 ans, et pourtant, lorsque ses jeunes auditeurs le virent assis sur la chaire de théologie, répandre à flots la lumière sur le grand mystère de l'Incarnation qu'il avait dû traiter en cette circonstance, ils purent juger du succès qu'il avait obtenu dans une autre assemblée, lorsqu'à l'âge de 40 ans, il se faisait entendre à Rome au milieu des hommes éminents qui se plaisaient à l'écouter.

Quoiqu'il en soit, hâtons-nous de le dire, M. Mazas ne pût continuer longtemps l'œuvre de régénération qu'il avait entreprise avec tant de courage; il serait mort à la peine, nous en avons la certitude, mais il dut se retirer devant l'opposition que lui firent certains hommes qui n'avaient su comprendre ni l'esprit ni le cœur de celui que l'autorité leur avait donné pour directeur et pour modèle. Nous disons oui sans amertume; mais si l'on doit le respect aux vivants, on ne doit aux morts que la vérité. A cette époque il écrivait à l'un de nous : « Je reprends la route de Sorèze; je » connais si bien les hommes, qu'en quittant ma paroisse » je n'ai pas voulu me dessaisir de mon titre; je finirai mes » jours au milieu de mon troupeau bien-aimé. L'obscurité » vaut mieux que l'éclat. » Du reste, il emporta une consolation bien digne de son excellent cœur. Il dut cacher son départ aux élèves qui l'aimaient tous d'un amour filial, et qui furent inconsolables de la perte qu'ils venaient de faire.

M. Mazas fut donc rendu à ses chers paroissiens, il continua avec son zèle accoutumé l'œuvre pastorale, les armes du saint athlète ne tombèrent de ses mains que quand la mort vînt le frapper inopinément. Nous étions en l'année

1824; à cette époque le gouvernement se préoccupa de l'état moral du collége de Sorèze; il savait qu'on y cultivait les sciences avec un rare succès, mais il savait aussi, et tous ceux qui s'intéressaient à l'avenir de la jeunesse, savaient également quel dangereux esprit s'était introduit dans cette maison par le malheur des temps ou la faute des maîtres; une enquête fut ordonnée, on voulut connaître les sentiments du pasteur. Prévoyant avec sa sagacité ordinaire les tristes résultats qu'aurait pour lui le témoignage qu'il devait rendre à la vérité, il garda longtemps le silence; il disait avec une profonde tristesse : « Ils chercheront à détacher les enfants » de leur père spirituel. » Mgr l'évêque d'Hermopolis, alors ministre des cultes, fit un appel énergique à sa conscience de citoyen français et de prêtre; on lui promit le plus profond secret sur les révélations qu'on attendait de lui ; il parla dès lors, comme doivent parler la foi et l'amour de la patrie; il dit la vérité, il la dit en face de la tombe qu'il voyait s'entrouvrir pour lui dans une perspective prochaine ! Et maintenant, que les hommes le blâment !!... Sa justification, la seule qui lui importait, il la trouva devant Dieu. S'il n'avait consulté que les intérêts de la terre, il eût pu tenir un autre langage; mais nous sommes certains (car nous croyons à l'amour inné de la vérité dans toutes les âmes) que ceux même qu'avait irrités sa franchise, l'auraient méprisé au fond de leur cœur, s'il avait trahi par faiblesse ses devoirs d'apôtre et de prédicateur de la justice et de la vérité.

Le secret promis et *juré* fut livré au public ; les journaux donnèrent le nom des accusateurs du collége; celui de M. Mazas était en tête. C'en fut assez pour sa sensibilité si grande, le trait de l'indiscrétion *ennemie* lui porta le coup mortel. Oh! ce n'était pas pour lui qu'il souffrait; il craignait de voir ses brebis égarées se tourner contre son ministère; cette pensée le tua......

Mûr pour le ciel, Dieu l'enleva à sa paroisse et à l'Eglise, dont il était un des plus beaux ornements. La mort vînt le prendre à l'autel, il expira dans son pauvre presbytère le 26 mars 1824 ; dans ce moment solennel, le saint pasteur fut un touchant spectacle donné aux anges et aux hommes. Il conserva dans ce dernier combat la force qui l'avait soutenu pendant sa longue et sa laborieuse carrière ; il reçut les derniers sacrements de l'Église avec une piété dont le souvenir ne s'est point effacé du cœur de ceux qui en furent les témoins. Combien de fois ne laissa-t-il pas sortir de son âme pleine d'amour, ces paroles qu'il empruntait à Saint-Martin, l'un des patrons de l'église de Sorèze : « Si je suis » trouvé nécessaire à votre peuple, Seigneur, je ne refuse » point le travail, mais je ne refuse pas non plus la cou-» ronne. » Ce furent là ses dernières paroles, que nous ne craignons pas d'offrir à tous les prêtres comme la formule la plus chrétienne des vrais pasteurs.

Nous ne saurions terminer cette faible exquisse des vertus d'un pasteur à jamais regrettable sans parler de sa tendre dévotion pour l'adorable sacrement de l'autel, c'est là qu'il venait tous les jours répandre son âme, la nourrir des ardeurs de la charité divine, et demander les forces nécessaires à l'accomplissement de ses nombreux devoirs. Nous pourrions encore légitimement exalter sa filiale dévotion envers celle que nous honorons comme notre bonne et sainte avocate, la vierge Marie ; quelle sollicitude pour préparer lui-même et pour enrichir les autels qu'il lui consacra dans l'église de Sorèze ! Les tableaux qu'il fit peindre sous ses yeux pour l'ornement de cette église, les marbres dont il décora la nef et les chapelles qui existaient naguère, témoignèront assez d'ailleurs de son zèle à orner la maison de Dieu et à réparer les ruines causées par l'orage révolutionnaire.

M. Mazas fut le père des pauvres ; tout ce qu'il avait possédé de son vivant avait été leur patrimoine, il voulut les

faire héritiers du peu qui lui resta au terme de sa course; il
fut secondé dans ce dessein par quelques âmes charitables
au nombre desquelles nous aimons à signaler Mademoiselle
Auger et Mademoiselle Gabrielle Chaila, qui, inspirées par
les sages conseils qu'il leur avait donnés en les dirigeant dans
les voies de la sanctification, l'aidèrent puissamment à réaliser les pieux projets qu'il avait conçus. Les libéralités
du pasteur charitable, jointes aux dons de ces modestes
bienfaitrices, serviront longtemps, il faut l'espérer, à la
gloire de l'Église dans la préparation de bons prêtres, à la
perpétuité des vertus chrétiennes au sein des familles, et au
soulagement des pauvres de la paroisse de Sorèze.

Nous finirons en rapportant un trait qui, comme tant
d'autres qu'on pourrait citer, prouve la charité du pasteur
vénérable et sa profonde humilité. Mgr Brault ayant conféré
à M. Mazas le titre de chanoine d'honneur de son chapitre,
voici ce que ce digne prêtre dit naïvement à l'un de nous,
après la lecture de la lettre bienveillante de Mgr l'arche-
vêque : « A mon âge on veut m'affubler d'une mosette et
» d'un rochet; il me faudrait pour cela 60 fr.; j'aime bien
» mieux en acheter des vêtements pour les pauvres. » Telle
était chez lui l'aimable bonhomie et la touchante simplicité
de la vertu. Aussi à sa mort, la population toute entière,
avec le concours des autorités de la ville de Sorèze, crut ne
pouvoir trouver de plus digne épitaphe pour résumer l'éloge
du pasteur si profondément et si justement regretté, qu'en
faisant graver sur l'humble mausolée de pierre qui lui fut
érigé et qui couvre ses dépouilles mortelles, ces courtes
mais bien éloquentes paroles :

M. MAZAS, CURÉ, PÈRE DES PAUVRES.

O toi dont le cœur fut sans cesse embrasé du feu sacré des bonnes œuvres! du sein de la céleste patrie où tes vertus ont reçu leur couronne, du milieu de ces légions de confesseurs où ta foi si souvent mise au creuset des tribulations t'a mérité une éminente place, ah! si Dieu dans sa sagesse te permet de considérer l'effroyable tourbillon des tempêtes morales que suscite aux malheureux habitants de la terre l'éternel ennemi du bien, souviens-toi toujours de tes frères, souviens-toi des enfants adoptifs de ta foi et de ta charité que tu laissas à peine initiés dans la milice sainte; sois leur protecteur, leur égide tutélaire quand, dans leurs angoisses, ils dirigeront vers toi les vœux suppliants de leur découragement et de leur détresse; laisse exhaler de ton cœur généreux d'ardentes et saintes prières, pour les offrir, en leur faveur, à celui dont tu fus le digne ministre. Alors, nous en avons la douce espérance, notre courage abattu se relèvera, nous continuerons notre route les yeux fixés sur tes exemples, et parvenus à notre heure suprême, nous jouirons enfin, réunis avec toi, des splendeurs de la gloire et de la vérité.

Par un prêtre de la conférence du canton ecclésiastique de Sorèze.